Comportamiento y modales en el autobús escolar
Manners on the School Bus

por/by **Amanda Doering Tourville**   ilustrado por/illustrated by **Chris Lensch**

Nuestro agradecimiento especial a nuestros asesores por su experiencia/
Special thanks to our advisers for their expertise:

Kay A. Augustine, Ed.S.
Consultora y Entrenadora de Desarrollo del Carácter/
National Character Development Consultant and Trainer
West Des Moines, Iowa

Terry Flaherty, PhD, Profesor de inglés/Professor of English
Universidad Estatal de Minnesota, Mankato/Minnesota State University, Mankato

PICTURE WINDOW BOOKS
a capstone imprint

Editor: Shelly Lyons
Translation Services: Strictly Spanish
Designer: Eric Manske
Production Specialist: Sarah Bennett
Art Director: Nathan Gassman
Editorial Director: Nick Healy
The illustrations in this book were created digitally.

Picture Window Books
A Capstone Imprint
1710 Roe Crest Drive
North Mankato, MN 56003
877-845-8392
www.capstonepub.com

All books published by Picture Window Books
are manufactured with paper containing at least
10 percent post-consumer waste.

Library of Congress Cataloging-in-Publication Data
Tourville, Amanda Doering, 1980–
[Manners on the school bus. Spanish & English]
Comportamiento y modales en el autobús escolar / por Amanda Doering
    Tourville ; ilustrado por Chris Lensch = Manners on the school bus / by
Amanda Doering Tourville ; illustrated by Chris Lensch.
p. cm.—(¡Así debemos ser! = Way to be!)
Includes index.
ISBN 978-1-4048-6696-6 (library binding)
1. Travel etiquette—Jvuenile literature. 2. School buses—Juvenile literature.
I. Lensch, Chris. II. Title: Manners on the school bus.
BJ2140.T6818 2011
395.5—dc22   2010041028

Printed in the United States of America in Stevens Point, Wisconsin.
072013   007589R

Lots of kids ride a school bus to school. Using good manners on the bus means everyone can have a nice trip. Good manners help keep you safe, too.

There are lots of ways you can use good manners on the school bus.

Muchos niños van a la escuela en el autobús escolar. El buen comportamiento y los buenos modales en el autobús ayudan a que todos puedan tener un viaje agradable. El buen comportamiento y los buenos modales también te ayudan a mantenerte seguro.

Hay muchas maneras de comportarse bien y tener buenos modales en el autobús escolar.

4

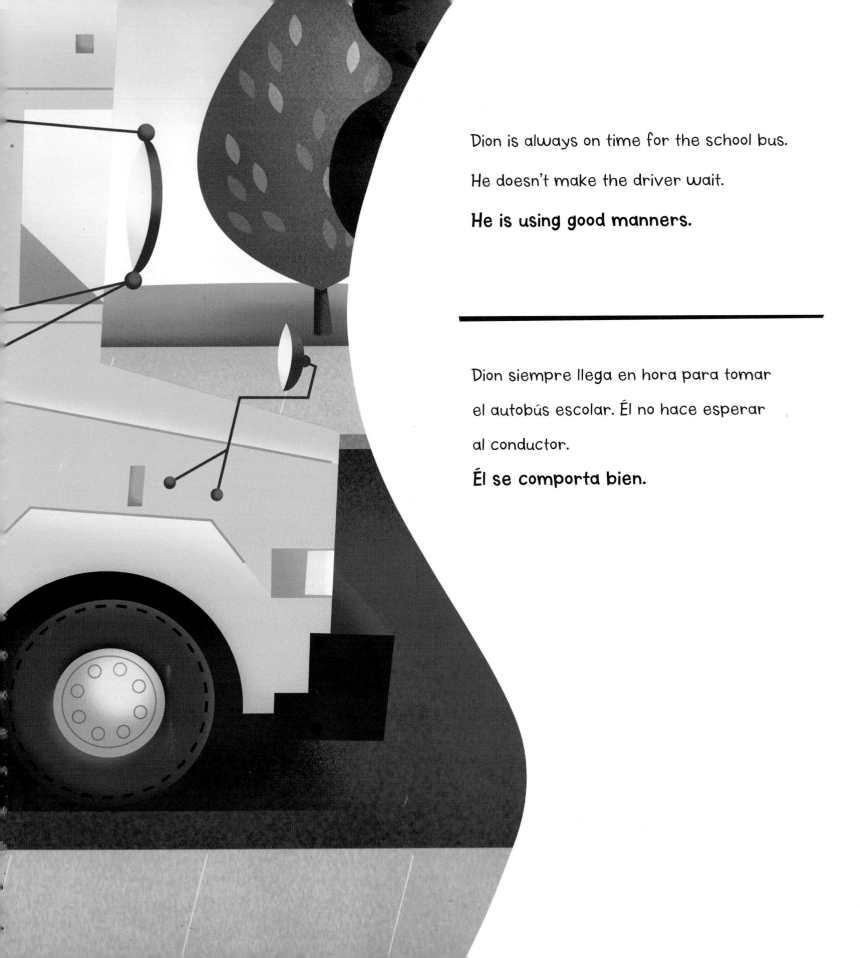

Dion is always on time for the school bus.

He doesn't make the driver wait.

He is using good manners.

Dion siempre llega en hora para tomar
el autobús escolar. Él no hace esperar
al conductor.

Él se comporta bien.

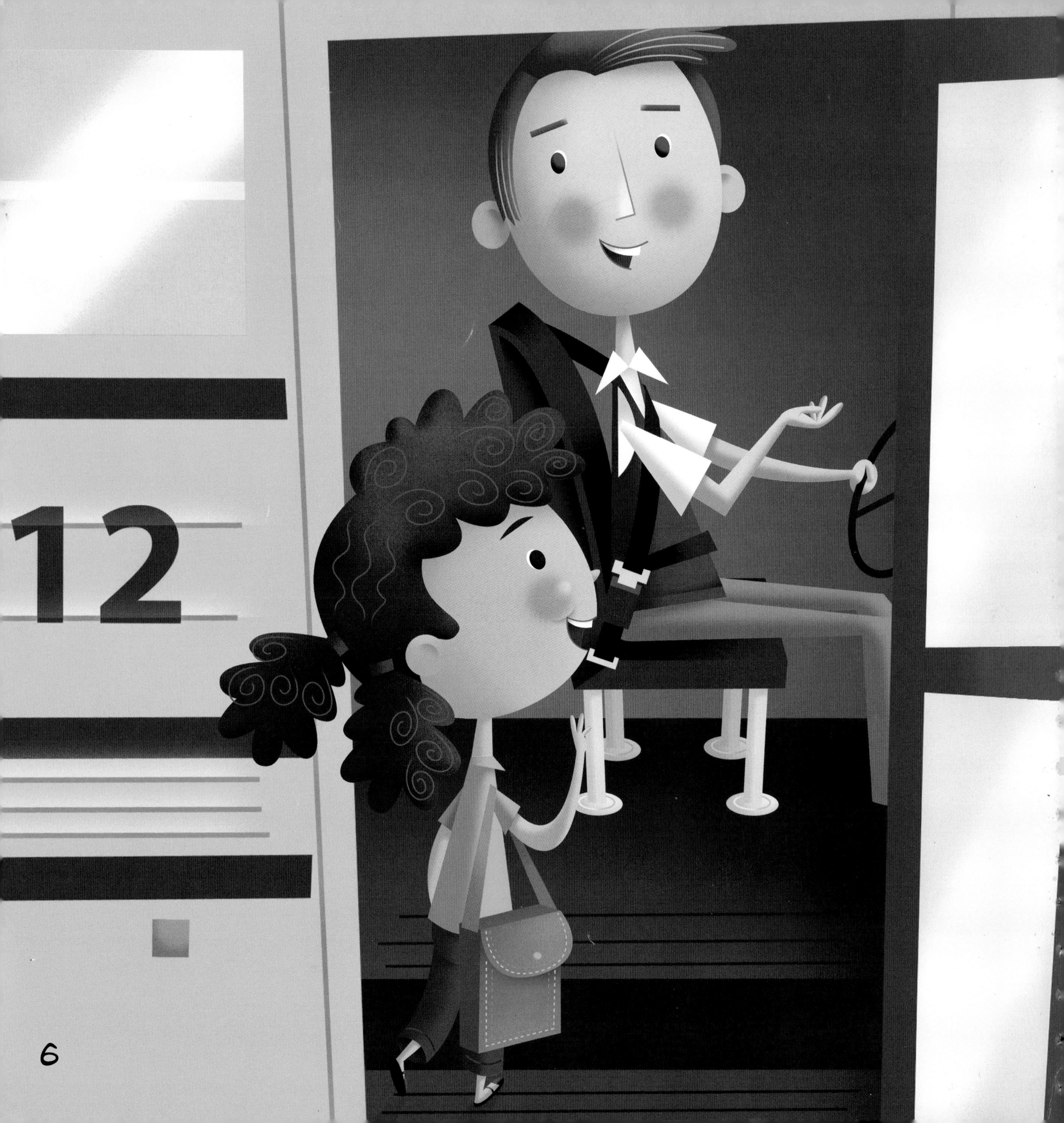
12

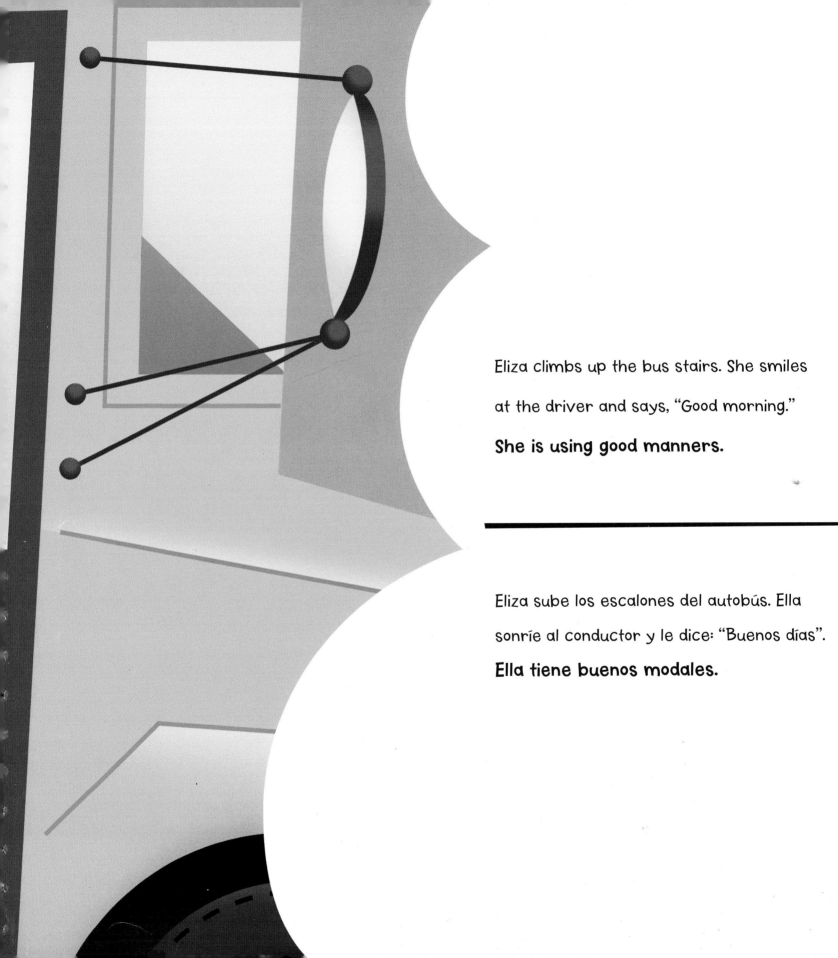

Eliza climbs up the bus stairs. She smiles at the driver and says, "Good morning." **She is using good manners.**

Eliza sube los escalones del autobús. Ella sonríe al conductor y le dice: "Buenos días". **Ella tiene buenos modales.**

James and Connor face forward in their seats. They talk quietly to each other. **They are using good manners.**

James y Connor van sentados mirando hacia adelante. Ellos conversan en voz baja. **Ellos se comportan bien.**

9

Alicia gets on the bus. She waits patiently until the person ahead of her sits down.
Alicia is using good manners.

Alicia se sube al autobús. Ella espera pacientemente hasta que la persona que subió antes se siente.
Alicia tiene buenos modales.

11

"May I sit by you?" a boy asks Carter.

Carter smiles and nods his head.

Carter is using good manners.

"¿Me puedo sentar a tu lado?" un niño le pregunta a Carter. Carter sonríe y asiente con su cabeza.

Carter tiene buenos modales.

Mia and Karin keep their hands to themselves. They keep their feet and book bags out of the aisles. **They are using good manners.**

Mia y Karin no mueven las manos ni los brazos. Ellas no ponen sus pies ni sus bolsas con libros en los pasillos. **Ellas se comportan bien.**

Tyrell and Sarah are the oldest kids on the bus. They are nice to the younger kids. They don't tease or bother them.
Tyrell and Sarah are using good manners.

Tyrell y Sarah son los niños mayores en el autobús. Ellos son amables con los niños más pequeños. Ellos no les hacen bromas ni los molestan.
Tyrell y Sarah tienen buenos modales.

Josh waits his turn to get off the bus.

He never pushes the people in front of him.

He is using good manners.

Josh espera su turno para bajarse del autobús.

Él nunca empuja a los niños delante de él.

Él se comporta bien.

19

"Thanks for the ride," Megan tells the bus driver. "Have a nice day!"
She is using good manners.

"Gracias por el viaje", dice Megan al conductor del autobús. "¡Que tenga un buen día!"
Ella tiene buenos modales.

SCHOOL

It is important to use good manners on the school bus. Good manners make a nice, safe ride for everyone.

Es importante usar buenos modales y comportarse bien en el autobús escolar. Eso hace que todos tengan un viaje agradable y seguro.

Fun Facts / Datos divertidos

Some children who live in rural areas may ride the bus for two hours each day.

Algunos niños que viven en áreas rurales pueden viajar en el autobús dos horas cada día.

Most kids in South Korea walk or take public buses to school.

La mayoría de los niños en Corea del Sur caminan o usan el transporte público para ir a la escuela.

In the United States, about 25 million students ride the bus to school.

En Estados Unidos, unos 25 millones de estudiantes van a la escuela en el autobús escolar.

23

Internet Sites

FactHound offers a safe, fun way to find Internet sites related to this book. All of the sites on FactHound have been researched by our staff.

Here's all you do:

Visit www.facthound.com

Type in this code: 9781404866966

Super-cool stuff!

Check out projects, games and lots more at **www.capstonekids.com**

Index

Sitios de Internet

FactHound brinda una forma segura y divertida de encontrar sitios de Internet relacionados con este libro. Todos los sitios en FactHound han sido investigados por nuestro personal.

Esto es todo lo que tienes que hacer:

Visita www.facthound.com

Ingresa este código: 9781404866966

¡Algo súper divertido!

Hay proyectos, juegos y mucho más en **www.capstonekids.com**

Índice